Zu den Karten

Wer liebt sie nicht, wer hat sie nicht geliebt, diese kuscheligen Gefährten der Kindheit und Jugend?

Geschaffen wurden diese Geschöpfe aus Plüsch von Margarete Steiff, die 1847 in der schwäbischen Kleinstadt Giengen zur Welt kam. Im Alter von zwei Jahren an Kinderlähmung erkrankt, sollte sie ein Leben lang an den Rollstuhl gefesselt bleiben. Doch das hinderte Margarete Steiff nicht daran, mit Energie, Willenskraft und einer großen Portion Humor ihr Schicksal in die Hand zu nehmen. Schneiderin wollte sie werden, und dafür lernte sie mit viel Ausdauer mit nur einer Hand eine Nähmaschine zu bedienen. Doch neben ihrer Schneider-Werkstatt liebte sie es, ihre Nichten und

Neffen mit selbstgefertigtem Spielzeug zu erfreuen. Bald waren ihre Tierschöpfungen so gefragt, daß sie sie in ihr Warenangebot aufnahm. Gekrönt wurde ihr Werk schließlich 1904 mit dem Erfolg des Teddy-Bären, der seitdem seinen Siegeszug durch die Kinderzimmer antrat.*

Heute ist der Teddybär das bekannteste und beliebteste Kuscheltier der Welt.

* Die Geschichte von Margarete Steiff
wird erzählt in dem Buch:
Sabine Völker-Kraemer
Wie ich zur Teddymutter wurde
Das Leben der Margarete Steiff
110 Seiten, gebunden, DM 28,– / öS 204,– / sFr 26,–
ISBN 3-7918-1978-X

Petsy
Replica 1927
Ltd. Edition of
5,000 pcs

Monika Hunnius · Menschen die ich erlel